BEI GRIN MACHT SICH IHR WISSEN BEZAHLT

- Wir veröffentlichen Ihre Hausarbeit, Bachelor- und Masterarbeit

- Ihr eigenes eBook und Buch - weltweit in allen wichtigen Shops

- Verdienen Sie an jedem Verkauf

Jetzt bei www.GRIN.com hochladen und kostenlos publizieren

Tobias Meints

Deutsche Aussiedler und Spätaussiedler in der Bundesrepublik unter besonderer Beachtung der Wirtschaftsintegration

GRIN Verlag

Bibliografische Information der Deutschen Nationalbibliothek:

Die Deutsche Bibliothek verzeichnet diese Publikation in der Deutschen National-
bibliografie; detaillierte bibliografische Daten sind im Internet über http://dnb.d-
nb.de/ abrufbar.

Impressum:

Copyright © 2008 GRIN Verlag GmbH
Druck und Bindung: Books on Demand GmbH, Norderstedt Germany
ISBN: 978-3-656-26044-8

Dieses Buch bei GRIN:

http://www.grin.com/de/e-book/114263/deutsche-aussiedler-und-spaetaussiedler-
in-der-bundesrepublik-unter-besonderer

GRIN - Your knowledge has value

Der GRIN Verlag publiziert seit 1998 wissenschaftliche Arbeiten von Studenten, Hochschullehrern und anderen Akademikern als eBook und gedrucktes Buch. Die Verlagswebsite www.grin.com ist die ideale Plattform zur Veröffentlichung von Hausarbeiten, Abschlussarbeiten, wissenschaftlichen Aufsätzen, Dissertationen und Fachbüchern.

Besuchen Sie uns im Internet:

http://www.grin.com/

http://www.facebook.com/grincom

http://www.twitter.com/grin_com

Carl von Ossietzky

Universität Oldenburg

Studiengang Diplom-Sozialwissenschaften

Referatsausarbeitung

Themenstellung:

„Deutsche Aussiedler und Spätaussiedler in der Bundesrepublik unter besonderer Beachtung der Wirtschaftsintegration"

vorgelegt von: Tobias Meints

Abgabedatum: 19. Juli 2008

Inhaltsverzeichnis

1. Einleitung

Im Jahr 1939, kurz vor Beginn des Zweiten Weltkriegs, lebten mehr als 18 Mio. Deutsche in den Ostprovinzen Preußens sowie in Mittel-, Ost-, und Südosteuropa. Etwa die Hälfte dieser Menschen verfügte über die deutsche Staatsbürgerschaft, während die andere Hälfte bereits seit Jahrhunderten in „[...] von Deutschen bewohnten Siedlungsgebieten als geschlossene Volksgruppen unter fremden Völkern lebten."[1]

Die Leidensgeschichte der im Ausland lebenden Deutschen vollzog sich in drei Etappen. Die erste Phase wurde durch die Rückführung deutscher Staatsbürger ins *Großdeutsche Reich* direkt nach dem Ausbruch des Zweiten Weltkriegs eingeläutet. Im Zuge dieser Umsiedlung wurden 950.000 Volkszugehörige „heim ins Reich" geholt. Die zweite Phase war gekennzeichnet durch die Flucht der Volksdeutschen aus den Ostgebieten vor der vorrückenden *Roten Armee* gegen Ende des Krieges 1944/45. Die dritte Phase wurde eingeleitet durch das *Potsdamer Abkommen* vom 2. August 1945. 11,9 Mio. Volkszugehörige wurden bis 1950 aus ihren Heimatgebieten vertrieben und siedelten sich in der Bundesrepublik, der Deutschen Demokratischen Republik und zu kleinen Teilen auch in Österreich an. Nach dem Ende dieser Vertreibungswelle lebten noch schätzungsweise 4 Mio. Volksdeutsche in den ehemaligen preußischen Provinzen und Südosteuropa. Von diesen sind bis 1982 rund 1,1 Mio. Personen nach Deutschland ausgesiedelt.[2] Diese Zahl hat sich bis 1998 auf fast 4 Mio. erhöht.[3]

Die Aussiedler stellen demnach einen beträchtlichen Anteil an der gesamtdeutschen Bevölkerung. Aus diesem Grund bietet es sich an, zu untersuchen inwieweit die Integration dieser Gruppe als gelungen angesehen werden kann und welche Probleme sich während dieses Eingliederungsprozesses ergeben haben.

Zuwanderung und Integration stellten – und stellen auch heute noch – eine immense Leistung von Bund, Ländern und Kommunen da.

Diese Ausarbeitung setzt sich neben den definitorischen Grundlagen mit den unterschiedlichen Herkunftsgebieten der Aussiedler auseinander, den Zuwanderungszahlen, den angebotenen Integrationshilfen und deren Wegfall in den 90er Jahren sowie den daraus resultierenden Problemen auseinander. Nach einer eingehenden Kritik zur ökonomischen Integration der Spätaussiedler nach 1990 schließt das Fazit diese Ausarbeitung ab und fasst die gewonnenen Ergebnisse zusammen.

---

[1] Vgl. Harmsen, 1983, S. 1f.
[2] Vgl. a.a.O., S. 2f.
[3] Vgl. Schneider, Jan, bpb Internetauftritt, Artikel: Migration. Migration in Deutschland. Aussiedler
http://www.bpb.de/themen/96ORR8,0,0,Aussiedler.html Zugriffsdatum: 09. Juli 2008

Da es sich bei der Frage nach Integration stets um ein Thema handelt, dass kontrovers diskutiert werden kann und bei dem schnell Missverständnisse entstehen, die einen scheinbaren
Rückschluss auf die Mentalität und die Intention des Autors zulassen, habe ich mich bemüht
eine möglichst objektive Ausarbeitung zu verfassen und im Zuge dessen die verwandten
Quellen genauestens geprüft und gekennzeichnet.

2. Definitionen

Um die Nachvollziehbarkeit der Ausarbeitung zu erhöhen, sollen zuerst die verwendeten Beg-
riffe *Aussiedler* und *Spätaussiedler* geklärt werden.

2.1 Aussiedler

Als Aussiedler werden Personen bezeichnet, die die „... deutsche Staats- und/oder Volkszugehörige, die nach Abschluss der allgemeinen Vertreibungsmaßnahmen (ab 1951) und vor
dem 1. 7. 1990 oder danach im Wege des Aufnahmeverfahrens vor dem 1. 1. 1993 die frühe-
ren deutschen Ostgebiete, Albanien, Bulgarien, China, Danzig, Estland, das ehemalige Jugoslawien, Lettland, Litauen, Polen, Rumänien, die ehemalige Sowjetunion, die ehemalige
Tschechoslowakei oder Ungarn verlassen haben. Aussiedler sind Vertriebene und Deutsche
gemäß Artikel 116 Absatz 1 GG. Ihre Rechtsstellung sowie ihre wirtschaftliche und soziale
Eingliederung, z. B. durch Eingliederungshilfen, werden durch das Bundesvertriebenengesetz,
das Fremdrentengesetz und das Lastenausgleichsgesetz geregelt. 1950–92 sind 2,85 Mio.
Aussiedler, überwiegend ehemalige Russlanddeutsche sowie ehemalige Polendeutsche und
Rumäniendeutsche, nach Deutschland gekommen. Ab 1993 nach Deutschland gekommene
Aussiedler werden als Spätaussiedler bezeichnet."[4]

2.2 Spätaussiedler

Personen, die nach 1993 als Aussiedler nach Deutschland migrierten wurden als Spätaussiedler bezeichnet. Hierbei handelt es sich, um eine „... ursprünglich nichtoffizielle Bezeichnung
für die Aussiedler, die ab etwa 1980 bis 31. 12. 1992 in die Bundesrepublik Deutschland gekommen sind. Nach § 4 Bundesvertriebenengesetz (in Kraft seit 1. 1. 1993) in der Regel ein
deutscher Volkszugehöriger, der die Republiken der ehemaligen Sowjetunion, Estland, Lettland oder Litauen nach dem 31. 12. 1992 im Wege des Aufnahmeverfahrens verlassen hat und
bestimmte Stichtagsvoraussetzungen erfüllt. Spätaussiedler aus anderen Aussiedlungsgebieten
kann nur sein, wer glaubhaft macht, dass er am 31. 12. 1992 oder danach Benachteiligungen

---

[4] Zitiert nach Meyer's Lexikon Online, Artikel: Aussiedler http://lexikon.meyers.de/meyers/Aussiedler Zugriffsdatum: 09. Juli 2008

oder Nachwirkungen früherer Benachteiligungen aufgrund deutscher Volkszugehörigkeit unterlag. Für die Eingliederung der Spätaussiedler gelten die Regelungen des Bundesvertriebenengesetzes in der Fassung vom 2. 6. 1993."[5]

Die primäre Änderung im Zuge der Gesetzesänderungen der Jahre 1990 bis 1993 ist die Nachweispflicht eines Kriegsfolgeschicksals, welches auf einer Benachteiligung beruhen muss, die auf die deutsche Volkszugehörigkeit zurückzuführen ist. Des Weiteren ist mit der Gesetzesänderung, gemäß der Spätaussiedlerregelung, eine Verkleinerung des Jahres-Einreisekontingents verbunden sowie die Kürzung bisheriger Integrationsleistungen.[6] Hierzu jedoch im Laufe der Ausarbeitung mehr.

3. Herkunftsgebiete und Zuwanderungszahlen

Die Herkunftsgebiete der Aussiedler und Spätaussiedler liegen in den Regionen des ehemaligen Ostpreußens, dort speziell Ostbrandenburg, Ostpommern, Nieder- und Oberschlesien, des Oder-Neiße-Gebiets, dort Danzig und Polen, dem Memelgebiet, speziell Litauen, Lettland, Estland und der Sowjetunion, sowie der Tschechoslowakei, Ungarn, Jugoslawien und Rumänien.

Der Zuzug der Aussiedler lässt sich in zwei Zeitabschnitte einteilen. Von 1949 bis 1986 kamen etwa 1,6 Mio. Aussiedler in die Bundesrepublik. Von 1987 bis 2002 waren es über 3 Mio. Menschen. In diesen 16 Jahren migrierten demnach doppelt so viele Aussiedler nach Deutschland wie in den 36 Jahren davor.[7]

Die Zuzugszahlen haben sich dementsprechend deutlich verändert, was sich anhand von verschiedenen Tabellen und Grafiken gut verdeutlichen lässt.

Das Jahresmittel der Zuwanderung lag zwischen 1949 bis 1986 bei 36.000 Einwanderern. Lediglich in den Jahren 1957 und 1958 überstiegen die Zuwanderungszahlen die Marke von 100.000 Personen.

---

[5] Zitiert nach Meyer's Lexikon Online, Artikel: Aussiedler
http://lexikon.meyers.de/meyers/Sp%C3%A4taussiedler Zugriffsdatum: 09. Juli 2008
[6] Vgl. Schneider, Jan, bpb Internetauftritt, Artikel: Migration. Aussiedler. Aussiedleraufnahme in den 1990er-Jahren http://www.bpb.de/themen/L2K6XA,1,0,Aussiedlermigration_in_Deutschland.html#art1 Zugriffsdatum: 09. Juli 2008 / Vgl. Feldmann, 2004, S. 21
[7] Vgl. Feldmann, Lothar, 2004, S. 16

Jahr	Aussiedler und Spätaussiedler								Übersiedler	Aussiedler, Spätaussiedler, Übersiedler
	insgesamt	davon aus: Polen	ehem. UdSSR	ehem. CSFR	Ungarn	Rumänien	ehem. Jugoslawien	sonstiger west. Europa und Übersee	Insgesamt	Insgesamt
1950	47.497	31.761	0	13.300	2	13	179	1.901	322	197.788	245.285
1951	24.765	10.791	1.721	3.524	157	1.801	3.640	175	3.696	165.648	190.413
1952	13.369	194	0	146	30	26	3.407	182	9.321	182.393	195.762
1953	13.410	147	0	63	15	15	7.972	94	7.114	331.390	344.800
1954	15.424	664	18	128	43	0	8.481	50	5.032	184.148	199.622
1955	15.788	860	154	184	98	44	11.839	23	2.586	252.870	268.658
1956	31.345	15.674	1.016	954	180	176	7.314	8	6.043	279.189	310.534
1957	113.946	98.290	922	762	2.193	394	5.130	0	6.256	261.622	375.568
1958	132.228	117.550	4.122	692	1.194	1.383	4.765	11	2.573	204.092	336.320
1959	28.450	16.252	5.503	600	574	374	3.819	21	1.314	143.917	172.367
1960	19.169	7.739	3.272	1.394	319	2.124	3.306	15	998	199.188	218.357
1961	17.161	9.303	345	1.207	194	3.303	2.053	9	747	207.026	224.187
1962	16.615	9.657	894	1.228	264	1.675	2.003	12	682	21.156	37.771
1963	15.483	9.522	209	973	286	1.321	2.943	15	614	42.632	58.115
1964	20.842	13.611	234	2.712	387	618	2.331	6	743	41.876	62.718
1965	24.342	14.644	366	1.210	724	2.715	2.195	13	475	29.552	53.894
1966	28.193	17.315	1.245	5.925	608	609	2.076	33	380	24.131	52.324
1967	26.475	10.856	1.092	11.628	316	440	1.881	14	248	19.573	46.048
1968	23.297	8.435	390	11.854	303	614	1.391	6	196	16.036	39.433
1969	30.039	9.536	316	15.602	414	2.675	1.325	5	166	16.875	47.014
1970	19.444	5.624	342	4.702	517	6.519	1.372	9	359	17.519	36.963
1971	33.637	25.241	1.145	2.337	519	2.848	1.138	23	365	17.406	51.043
1972	23.895	13.482	2.420	894	520	4.374	864	6	315	17.164	41.059
1973	23.063	8.903	4.493	525	440	7.577	793	11	331	15.189	38.252
1974	24.507	7.825	6.541	378	423	8.484	646	18	192	13.252	37.759
1975	19.657	7.040	5.985	516	277	5.077	419	15	328	16.285	35.942
1976	44.602	29.364	9.704	849	233	3.766	313	19	154	15.160	59.570
1977	54.251	32.857	9.274	612	189	10.900	237	5	88	12.076	66.329
1978	58.123	36.102	8.455	904	268	12.120	202	9	62	12.117	70.240
1979	54.887	36.274	7.226	1.056	370	9.663	190	21	85	12.515	67.402
1980	52.071	26.637	6.954	1.733	591	15.767	287	19	87	12.793	64.824
1981	69.455	50.983	3.773	1.629	667	12.031	234	19	119	15.433	84.888
1982	48.170	30.355	2.071	1.776	589	12.972	213	16	178	13.206	61.376
1983	37.925	19.121	1.447	1.176	458	15.501	137	4	81	11.343	49.268
1984	36.458	17.455	913	963	286	16.553	190	26	72	40.974	77.413
1985	38.968	22.075	460	757	485	14.924	191	13	63	24.912	63.498
1986	42.788	27.188	753	882	584	13.130	162	10	99	26.170	68.666
1987	78.523	48.423	14.488	835	581	13.894	186	21	25	18.958	97.481
1988	202.673	140.226	47.572	949	763	12.902	223	10	28	39.832	242.505
1989	377.055	250.340	98.134	2.027	1.618	23.387	1.469	67	12	343.854	720.909
1990	397.073	133.872	147.950	1.708	1.336	111.150	961	90	6	238.518	635.591
1991	221.995	40.129	147.320	927	952	32.178	450	18	21	-	221.995
1992	230.565	17.742	195.576	460	394	16.146	199	12	76	-	230.565
1993	218.888	5.431	207.347	134	37	5.811	120	2	6	-	218.888
1994	222.591	2.440	213.214	97	40	6.615	182	1	2	-	222.591
1995	217.898	1.677	209.409	62	43	6.519	176	10	0	-	217.898
1996	177.751	1.175	172.181	14	14	4.284	77	6	0	-	177.751
1997	134.419	687	131.895	8	18	1.777	34	0	0	-	134.419
1998	103.080	488	101.550	16	4	1.005	14	3	0	-	103.080
1999	104.916	428	103.599	11	4	855	19	0	0	-	104.916
2000	95.615	484	94.558	18	2	547	0	6	0	-	95.615
2001	98.484	623	97.434	22	2	380	17	6	0	-	98.484
2002	91.416	553	90.587	13	3	250	4	6	0	-	91.416
2003	72.885	444	72.289	2	3	137	4	6	0	-	72.885
2004	59.093	278	58.728	3	0	76	0	8	0	-	59.093
2005	35.522	80	35.396	5	1	38	0	2	0	-	35.522
2006	7.747	80	7.626	0	0	40	0	1	0	-	7.747
2007	5.792	70	5.695	5	1	21	0	0	0	-	5.792
Summe	4.847.824	1.444.057	2.347.655	105.100	21.412	430.162	90.378	3.984	52.633	3.758.120	8.251.545

Tab 01: **Aussiedler und Spätaussiedler in der Bundesrepublik[8]**

Differenziert man die Zuwanderungszahlen gemäß der entsprechenden Herkunftsländer wird deutlich, dass sich die Schwerpunkte des Zuzugs – diachron betrachtet – verlagert haben. In den Jahren 1950/51, 1857/58 und von 1976 bis 1983 dominierten Aussiedler aus Polen, während die Migration von Menschen aus der ehemaligen CSFR zwischen 1967 und 1969 ihren Höhepunkt fand. Die Zuwanderung aus der ehemaligen Sowjetunion, die ihren Höhepunkt erst nach dem Zusammenbruch des Staatenbundes hatte, war in den Jahren von 1949 bis 1986 vergleichsweise gering. Ein Anstieg der Zuwanderung aus den ehemaligen Sowjetrepubliken ist für die Jahre 1958 bis 1960 sowie von 1972 bis 1982 zu verzeichnen. Anhand dieser Zahlen lässt sich gut belegen, wie stark die Aussiedlung an die historisch-politischen Gegebenheiten der einzelnen Staaten und das jeweilige bilaterale Verhältnis zur Bundesrepublik geknüpft war. Beispiele, die für einen Anstieg der Aussiedlerzahlen ausschlaggebend waren, wären demnach z.B.: der *Polnische Frühling* (1956), die *Polnischen Verfassungsreform* (1976-1983) oder der *Prager Frühling* (1968).[9]

---

[8] Tab. 01 Bayerisches Staatsministerium für Arbeit und Sozialordnung, Familie und Frauen, Statistik Spätaussiedler und deren Angehörige Dezember 2007 Bundesgebiet/Bayern
http://www.stmas.bayern.de/migration/aussiedler/aussstat.pdf
[9] Vgl. Feldmann, 2004, S. 16ff.

Tab 02: Zuwanderungszahlen nach 1985[10]

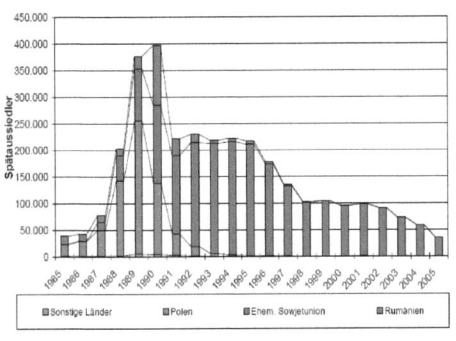

Quelle: Bundesverwaltungsamt

Ab 1987 ist ein deutlicher und kontinuierlicher Anstieg der Aussiedlerzahlen zu verzeichnen. Dies hängt mit dem Umbruch in den Staaten des *Warschauer Paktes* zusammen. Waren es 1987 noch rund 78.000 Aussiedler, stieg ihre Zahl bis 1990 auf fast 400.000 an, was im selben Jahr zur Ausarbeitung des *Aussiedleraufnahmegesetzes* führte, das den immensen Zustrom von Menschen regulieren und begrenzen sollte.[11]

Wie aus Tabelle 02 ersichtlich, begann der massenhafte Auszug von Aussiedlern zuerst in Polen. Bereits 1987 waren es beinahe 50.000 Personen. Diese Zahl steigerte sich auf 250.000 Menschen im Jahr 1989. Parallel dazu begann die große Aussiedlungswelle aus den Staaten der ehemaligen Sowjetunion, die 1994 mit 213.000 Personen ihren Höhepunkt fand. Der deutliche Anstieg von Aussiedlern aus Rumänien 1990 ist durch die Flucht vieler Volksdeutscher nach dem Tod des Diktators Nicolae Ceaușescu zu erklären.

Der stetige Rückgang der Aussiedlerzahlen ab 2003 ist einerseits auf eine Verbesserung der sozioökonomischen Verhältnisse in den Herkunftsländern zurückzuführen, andererseits auch darauf, dass nicht mehr genügend deutsche Sprachkenntnisse vorliegen, um den zur Aussiedlung notwendigen Sprachtest zu bestehen.[12]

4. Integration in die deutsche Gesellschaft

Die Integration und auch das Ermöglichen der Einreise der Aussiedler hatte in der jungen Bundesrepublik, bis in die 90er Jahre des 20. Jahrhunderts Priorität. Eine Verbundenheit zwischen dem Staatsgebiet der Bundesrepublik und den migrationswilligen Deutschstämmigen war begründet durch die kulturelle Nähe und nicht zuletzt durch die Gemeinsamkeit der Sprache. Aus diesem Grund war die Politik der jungen Bundesrepublik darum bemüht, Ausreise-

---

[10] Tab 02: Bundesministerien des Inneren, Migrationsbericht 2005, S. 45
http://www.bmi.bund.de/Internet/Content/Common/Anlagen/Broschueren/2006/Migrationsbericht__2005,templa
teId=raw,property=publicationFile.pdf/Migrationsbericht_2005.pdf Zugriffsdatum: 17. Juli 2008
[11] Vgl. Feldmann, 2004, S. 17
[12] Vgl. a.a.O. S. 25f.

willigen die Einwanderung in die Bundesrepublik zu ermöglichen und sie dort in die bestehenden gesellschaftlichen Strukturen zu integrieren.[13]

Zu beachten ist, dass auf Grund des begrenzten Umfangs dieser Ausarbeitung eine genauere empirische Betrachtung bestimmter Faktoren, wie z.b. der ökonomischen Integration der Aussiedler vor 1989, nicht vorgenommen werden kann. Die Quellenangaben im Literaturverzeichnis dieser Ausarbeitung bieten jedoch die Möglichkeit eines vertiefenden Studiums der Literatur zur zugrunde liegenden Thematik.

4.1 Integrationshilfen für Aussiedler

Im Folgenden werden die angebotenen Integrationshilfen schlagwortartig dargestellt und kurz erläutert. Neben den Bemühungen um eine erfolgreiche Einreise nach Deutschland sollen die Integrationshilfen in sprachlicher, ökonomischer und sozialer Hinsicht verdeutlicht werden.

4.1.1 Ausreise und Einreise

Wie bereits erwähnt war die Ausreise von Migrationswilligen in die Bundesrepublik starken Beschränkungen durch den *Eisernen Vorhang* unterworfen. Es war in der Zeit von 1950 bis 1989 nur schwer möglich aus den Sowjetrepubliken nach Deutschland zu migrieren. Vor allem während der „heißen Phase" des *Kalten Krieges* war die Ausreise so gut wie unmöglich.[14] Aus diesem Grund bemühte sich die Bundesregierung um die Ausreise der Migrationswilligen. Da es keine rechtsverbindliche Grundlage gab, auf die eine geregelte Migration gestützt war, waren einzelne bilaterale Abkommen von Nöten. Das bekannteste davon ist das *Schmidt-Gierek-Abkommen* zwischen Deutschland und Polen (1975), im Zuge dessen zinslose oder zinsgünstige Kredite vergeben wurden.[15]

Komplizierter gestaltete sich dies in den deutsch-rumänischen Verhandlungen. Es ist belegt, dass eine Kopfpauschale für jede Ausreiseerlaubnis an das Regime des rumänischen Staatschefs Ceauşescu gezahlt wurde. Über die Höhe dieser Pauschale liegen keine gesicherten Informationen vor. Eine Besonderheit im deutsch-rumänischen Verhältnis war, dass Rumänien nicht am *Potsdamer Abkommen* über die Rückführung der Deutschen beteiligt war.[16]

Hierdurch begründet sich auch die bereits angesprochene Verteilung der Aussiedler nach Staaten (siehe Tab 01/02). Während aus Polen beinahe eine kontinuierliche Auswanderung in die Bundesrepublik möglich war und auch Rumänien, vor allen Dingen in den 80er Jahren,

---

[13] Vgl. Schneider, Jan, bpb Internetauftritt, Artikel: Migration. Aussiedler. Integration. Aussiedler in Deutschland zwischen 1945 und 1989 http://www.bpb.de/themen/WX8Z5N,0,0,Integration.html Zugriffsdatum: 09. Juli 2008
[14] Vgl. Harmsen, 1983, S. 6ff.
[15] Vgl. Schlegel, 1983, S.27
[16] Vgl. Wagner, 1984, S.108ff.

die Grenzen für Ausreisewillige öffnete, war eine Ausreise aus den Sowjetrepubliken nur unter erschwerten Bedingungen möglich.[17]

4.1.2 Sprachliche Integration

War eine Einreise von Aussiedlern in die Bundesrepublik erfolgt, griffen eine Reihe weiterer Integrationshilfen. So bestand, falls Bedarf bestand, was mit zunehmender Zeit immer stärker der Fall war, die Möglichkeit, Deutschkurse in Anspruch zu nehmen, die kostenfrei angeboten wurden.[18] Waren zu Beginn der Auswanderungswelle die meisten Einreisenden der deutschen Sprache zumindest in groben Zügen (noch) mächtig, änderte sich dies im Laufe der Zeit, besonders nach dem Fall des *Eisernen Vorhangs* und dem Wegfall der Ausreisebeschränkungen aus der Sowjetunion. Zwar waren bei den Spätaussiedlern noch deutsche Wurzeln vorhanden (die Grundvoraussetzung für die Aussiedlung), doch war die Bindung an den „alten" Kulturkreis und an die Sprache kaum mehr gegeben. Hierzu jedoch im Verlauf dieser Ausarbeitung mehr.

Neben Sprachkursen für die Aussiedler, die je nach Nationalität unterschiedlich frequentiert wurden (zwei Jahre nach der Einreise hatten an einer Sprachförderung nicht teilgenommen: Aussiedler aus: der Sowjetunion: 14%, Polen 27%, Rumänien 63%), wurden auch Lehrgänge für die (ausländischen) Ehepartner angeboten.[19] Des Weiteren gab es berufsqualifizierende Sprachkurse für Facharbeiter sowie Angebote für Hausfrauen und Rentner, die keiner Tätigkeit nachgingen. Weiterbildungs- und Umschulungsmöglichkeiten standen ebenfalls kostenlos zur Verfügung. Angebote zur Sprach- und Schulbegleitendenförderung sollten die Integration der Aussiedlerkinder sicherstellen, die häufig einen geringeren Bezug zu Deutschland hatten, als die Eltern- und Großelterngeneration.[20]

Diplome, andere Abschlüsse und Zeugnisse wurden in dieser Zeit relativ unbürokratisch anerkannt und durch einen Umschreibungsservice für Urkunden und Dokumente ergänzt. Akademikern standen zudem diverse, meist fachspezifische Förderprogramme zur Verfügung.[21]

---

[17] Vgl. Schneider, Jan, bpb Internetauftritt, Artikel: Migration. Aussiedler. Integration. Aussiedler in Deutschland zwischen 1945 und 1989 http://www.bpb.de/themen/WX8Z5N,0,0,Integration.html Zugriffsdatum: 09. Juli 2008
[18] Vgl. Wagner, 1983, S. 115ff.
[19] Vgl. Wagner, 1983, S. 116
[20] Vgl. Wagner, 1983, S. 118ff. / Vgl. Reichling, 1983, S.105f.
[21] Vgl. Schneider, Jan, bpb Internetauftritt, Artikel: Migration. Aussiedler. Integration. Aussiedler in Deutschland zwischen 1945 und 1989 http://www.bpb.de/themen/WX8Z5N,0,0,Integration.html Zugriffsdatum: 09. Juli 2008

4.1.3 Wirtschaftsintegration

Neben der sprachlichen Integration stand die Integration in den Arbeitsmarkt im Vordergrund des Interesses, was sich zu Zeiten von beinah gegebener Vollbeschäftigung nahezu gewährleisten ließ.

Arbeitsplätze wurden in einem Großteil der Fälle qualifikationsgerecht vermittelt, und bei Vermittlungsschwierigkeiten wurden Fortbildungsmaßnahmen zur Steigerung der Qualifikation angeboten. Nach durchschnittlich drei Jahren war der ökonomische Eingliederungsprozess beendet und meistens auch die Wohnungsfrage geklärt. Im Zuge der Eingliederung stieg die Anzahl der Erwerbspersonen an – sowohl bei den Männern, als auch bei den Frauen, die wirtschaftlich meistens unterrepräsentiert waren.[22] Hierbei ist jedoch nicht zu übersehen, dass die Aussiedelung häufig mit einem – wenn auch geringen – wirtschaftlichen Abstieg einherging.

Zur Existenzgründung von Aussiedler(familien) wurden verschiedene Hilfestellungen angeboten. So wurden z.b. selbstständige Existenzen durch die Vergabe von zinsgünstigen Darlehen gefördert. Auf diese Weise geförderte Unternehmen wurden bei Auftragsvergaben durch Bund-, Länder-, und Kommunen zusätzlich bevorzugt.[23]

In Härtefällen wurden Entschädigungszahlungen seitens der Bundesregierung an einzelne Aussiedler, für erlittene politische Haft auf Grund der Volkszugehörigkeit, geleistet. Diese Zahlungen lagen zwischen vier- und sechstausend Euro.[24]

4.1.4 Soziale Integration

Der „Wegweiser für Aussiedler", eine Schrift des Bundesinnenministeriums, fasst die, den Aussiedlern (heute Spätaussiedlern) zustehenden Ansprüche und staatlichen Eingliederungshilfen zusammen. Auf diese Weise sollte dem Aussiedler ermöglicht werden, die ihm rechtmäßig zustehenden Unterstützungsleistungen auch in Anspruch zu nehmen. Da es sich hierbei um einen umfangreichen Katalog von Leistungen handelt, werden im Folgenden nur einige davon – in knapper Form – dargestellt. Zu beachten ist, dass jede der Zuwendungen beantragt werden musste und die meisten Aussiedler nicht annähernd von allen ihnen zustehenden Leistungen Gebrauch machten. Die Aufklärung über zustehende Integrationsleistungen war häufig

---

[22] Vgl. Watrinat, 1983, S. 212 – Nota bene: Dieses Beispiel bezieht sich auf die 70er Jahre, ist für die Aussiedlermigration jedoch verallgmeinerbar.
[23] Vgl. Reichling, 1983, S. 102f.
[24] Vgl. Schneider, Jan, bpb Internetauftritt, Artikel: Migration. Aussiedler. Integration. Aussiedler in Deutschland zwischen 1945 und 1989 http://www.bpb.de/themen/WX8Z5N,0,0,Integration.html Zugriffsdatum: 09. Juli 2008 / Vgl.Mammey/Schiener, 1998, 119f.

Kritikpunkt der Aussiedler, die mit dem „Paragraphen-Deutsch" nicht selten überfordert waren.[25]

Es bestand für Aussiedler zudem die Möglichkeit, die Einreisekosten, wenn sie einen bestimmten Satz nicht überstiegen, erstattet zu bekommen. Des Weiteren stand ihnen nach der Einreise ein kleines Begrüßungsgeld zu. Mit der Ausstellung des Vertriebenausweises und der Zuweisung eines Wohnortes – nach der obligatorischen Zeit im Durchgangslanger – hatten sie Zugang zu weiteren Unterstützungsleistungen, die die Eingliederung erleichtern sollten.[26] Im sozialen Bereich wurden Aussiedlern zinsgünstige Darlehen angeboten, um einen eigenen Haushalt zu gründen und diesen einzurichten. Zur Begleichung der Miete wurde häufig Wohngeld gezahlt.

Der Flüchtlingsfreibetrag bei der Einkommenssteuer hingegen wurde kontrovers diskutiert und machte nur nach vorheriger Rücksprache mit dem Finanzamt, in Anlehnung an den jeweiligen Fall, Sinn.[27]

Die Grundsicherung übernahm das so genannte Eingliederungsgeld, was der Sozialhilfe entsprach. Arbeitslosengeld wurde gemäß den Zumessungen des jeweiligen Berufszweiges gezahlt, ebenso wie die Renten, da ein Altersruhegeld aus dem Herkunftsland in den wenigsten Fällen entrichtet wurde. Zusätzlich gab es diverse weitere Maßnahmen zur Integration der Aussiedler zwischen sechs und dreißig Jahren.[28]

4.2 Schrittweiser Wegfall der Integrationshilfen für Spätaussiedler

Mit dem Zusammenbruch der Sowjetunion und der Möglichkeit der Ausreise stieg die Zahl der Aussiedler sprunghaft an. Die Eingliederungshilfen wurden zu einem immensen Kostenfaktor für Bund und Länder, da parallel die Zahl der Flüchtlinge und Asylbewerber sprunghaft anstieg.[29]

Durch den schrittweisen Wegfall der Unterstützungsleistungen kam es dazu, dass die Integration an Zugkraft verlor. Obwohl diverse Leistungen aus dem Katalog getilgt wurden, hieß es in der Politik weiterhin: „das Tor bleibt offen" – trotz der neuen Restriktionen in der Ausländerpolitik.[30]

---

[25] Vgl. Reichling, 1983, S. 91

[26] Vgl. a.a.O. S. 93

[27] Vgl. a.a.O. S. 96ff.

[28] Vgl. Schneider, Jan, bpb Internetauftritt, Artikel: Migration. Aussiedler. Integration. Aussiedler in Deutschland zwischen 1945 und 1989 http://www.bpb.de/themen/WX8Z5N,0,0,Integration.html Zugriffsdatum: 09. Juli 2008

[29] Vgl. Feldmann, 2004, S. 19f. / Vgl. Heinelt/Lohmann, 1992, S. 15

[30] Vgl. Schneider, Jan, bpb Internetauftritt, Artikel: Migration. Aussiedler. Integration. Kürzung der Eingliederungshilfen in den 1990er-Jahren
http://www.bpb.de/themen/WX8Z5N,1,0,Integration.html#art1 Zugriffsdatum: 09. Juli 2008

Mit dem allgemeinen Asylkompromiss von 1992/93 wurde maßgeblich über das Schicksal der Zugewanderten entschieden.[31] Im Zuge des Asylkompromisses wurden Änderungen im Kriegsfolgenbereinigungsgesetz, im Bundesvertriebenengesetz und im Flüchtlingsgesetz verabschiedet. Das Kriegsfolgenschicksal musste, entgegen der bisherigen Praxis in jedem einzelnen Fall nachgewiesen werden, mit Ausnahme bei den Auswanderern aus der ehemaligen Sowjetunion. Außerdem wurde das Aufnahmekontingent auf 220.000 Zuwanderer pro Jahr beschränkt.[32]

Die Leistungskürzungen im Zuge dessen machten die (Spät-) Aussiedler nicht zu einer benachteiligten Gruppe. Es existierten trotz diverser Kürzungen auch zukünftig noch weitreichende privilegierte Ansprüche. Dennoch fiel neben dem Arbeitslosengeld auch das Einrichtungsdarlehen zur Haushaltsgründung weg. Fremdrenten wurden nur noch zu einem maximalen Prozentsatz von 70% ausgezahlt und das, der Sozialhilfe entsprechende, Eingliederungsgeld wurde auf einen Zeitraum von sechs bis neun Monaten reduziert. Dies traf auch auf die Förderungsdauer von Deutschkursen zu.[33]

Auf diese Weise sollten die speziellen Integrationsleistungen der Aussiedler an die der übrigen ausländischen Einwanderer angepasst werden. Ein Großteil der speziellen Eingliederungsleistungen lief im Zuge dessen aus und die, nach dem neuen Zuwanderungsgesetz geschaffenen Integrationsleistungen richteten sich nun an alle Einwanderer.

4.3 Probleme bedingt durch den Wegfall der Integrationshilfen

Die Kürzungen der Integrationshilfen wurde zu einem Zeitpunkt beschlossen und durchgesetzt, zudem eine massive Aufstockung erforderlich gewesen wäre.[34]

Defizitäre Deutschkenntnisse, die nicht durch die entsprechenden Kurse beseitigt werden konnten, da diese seltener angeboten wurden und so stark frequentiert waren, dass lange Wartezeiten die Folge waren, erschwerten die schulische Sozialisation. Die Wohnungsknappheit in den Kommunen führt zu einem längeren Aufenthalt in Übergangswohnungen, was ein starkes Kontaktdefizit zur Folge hatte.[35] Das Ergebnis war neben der Segregation eine ethnische Cliquenbildung. Die ganze Situation führte häufig zu einer Verschlechterung der psychosozialen Verfassung vor allem bei jungen Männern, was die Delinquenz ansteigen ließ. In der

---

[31] Vgl. Meints, 2007, S.15ff.
[32] Vgl. Klötzl, 1999, S. 316f.
[33] Vgl. Schneider, Jan, bpb Internetauftritt, Artikel: Migration. Aussiedler. Integration. Kürzung der Eingliederungshilfen in den 1990er-Jahren / Heinelt/Lohmann, 1992, S. 91ff
http://www.bpb.de/themen/WX8Z5N,1,0,Integration.html#art1 Zugriffsdatum: 09. Juli 2008
[34] Vgl. Schneider, Jan, bpb Internetauftritt, Artikel: Migration. Aussiedler. Integration. Im Brennpunkt: Integrationsprobleme jugendlicher Spätaussiedler http://www.bpb.de/themen/WX8Z5N,2,0,Integration.html#art2 Zugriffsdatum: 09. Juli 2008
[35] Vgl. Heinelt/Lohmann, 1992, S. 97f.

Kriminalitätsstatistik sind männliche Spätaussiedler überproportional bei Delikten in Zusammenhang mit Vandalismus, Gewalt und Drogen vertreten.[36]

4.3.1 Probleme junger Russlanddeutscher

Im Zuge des Wegfalls der Ausreisebeschränkungen aus den Staaten der ehemaligen Sowjetunion kam es zu einer verstärkten Zuwanderung, vorzugsweise jugendlicher Spätaussiedler aus Russland und Kasachstan. Hatten die Aussiedler der ersten Auswanderungswellen noch eine Bindung an das Herkunftsland Deutschland, hatte sich dies mittlerweile geändert. Verbindung zum Heimatland bestand – wenn überhaupt – nur noch über die Großelterngeneration.[37] Zweisprachig waren die wenigsten (späteren) Spätaussiedler in der ehemaligen Sowjetunion aufgewachsen, was immense Probleme nach sich zog.[38] Nach der Migration nach Deutschland führten die sprachlichen Defizite meist zwangsläufig in die Segregation. Zudem verfügten die Neuankömmlinge aus den GUS Staaten über keine Bindung an die deutsche Kultur, da die Sozialisation in einem ganz anderen Rahmen verlaufen war. Sie waren viel stärker mit dem Herkunftsland verbunden, was dazu führte, dass Deutschland als Heimat wenig Anerkennung fand. Dies beruht auch auf der Schwierigkeit Freunde und ggf. Familie zurückzulassen und in einem fremden Kulturkreis einen Neubeginn zu wagen. Je nach Alter der jugendlichen Spätaussiedler erfolgte auch der Prozess der schulischen Sozialisation in einem „anderen Schul-, Erziehungs-, und Gesellschaftssystem".[39]

4.3.2 Wandel der Zuwanderungsmotivation

Kamen die ersten Generationen der Aussiedler aufgrund des Wunsches in ihrem ehemaligen Herkunfts- bzw. Heimatland „als Deutsche unter Deutschen zu leben", hat sich diese Grundmotivation im Laufe der Zeit stark gewandelt.

---

[36] Vgl. Welt, Jochen - Friedrich Ebert Stiftung, Teildokument: Kontinuität und Wandel der neuen Spätaussiedlerpolitik, 2000 http://www.fes.de/fulltext/asfo/00522002.htm Zugriffsdatum 09. Juli 2008
[37] Vgl. Dietz/Roll, 1998, S. 41ff.
[38] Vgl. Sell-Greiser, 1993, 112ff.
[39] Vgl. Vgl. Schneider, Jan, bpb Internetauftritt, Artikel: Migration. Aussiedler. Integration. Im Brennpunkt: Integrationsprobleme jugendlicher Spätaussiedler
http://www.bpb.de/themen/WX8Z5N,2,0,Integration.html#art2 Zugriffsdatum 17. Juli 2008

Tab 03: Altersstruktur der Spätaussiedler[40]

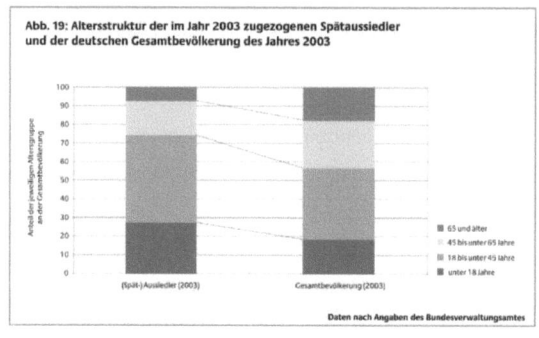

Abb. 19: Altersstruktur der im Jahr 2003 zugezogenen Spätaussiedler und der deutschen Gesamtbevölkerung des Jahres 2003

Daten nach Angaben des Bundesverwaltungsamtes

Vielmehr ist es bei den Spätaussiedlern der Wunsch, in einem wirtschaftlich gefestigten Staat, wie der Bundesrepublik ein besseres Leben führen zu können, obwohl die deutschen Wurzeln so weit zurückliegen, dass sie und vor allem ihre Kinder wesentlich stärker in den russischen Kulturkreis integriert sind als in den deutschen. Dies bedeutet, dass die Auswanderung weniger das Ziehen in eine alter Heimat, als vielmehr das Auswandern in einen fremden – vermeintlich besseren – Kulturkreis ist.[41]

Viele Spätaussiedler haben weder eine Bindung an die deutsche Sprache noch an die deutsche Kultur. Neben der Flucht aus die suboptimalen postsowjetischen Zuständen und dem Wunsch nach einer gesicherten Zukunft, ist die Spätaussiedlermigration geprägt durch den Nachzug von Familienangehörigen. Waren 1993 noch 75% der Zuwanderer Aussiedler, hat sich diese Zahl bis 2000 auf 20% reduziert. 80% der Zuwanderer im Jahr 2000 waren nachziehende Familienmitglieder.[42]

5. Arbeitsmarktintegration

Stellt man die Arbeitsmarktintegration der Aussiedler und der Spätaussiedler einander gegenüber, kann festgestellt werden, dass die Integration bei den ersten Generationen der Aussiedler abgeschlossen ist. Sie werden in sämtlichen Statistiken als Deutsche geführt und sind somit nicht mehr zu differenzieren.[43]

Bei den Spätaussiedlern ist jedoch ein anderer Trend zu verzeichnen. Die Neuzugewanderten und speziell die jungen Spätaussiedler haben mit massiven Integrationsproblemen zu kämpfen. Dies führt zu Schwierigkeiten bei der Ausbildungs- und Arbeitsplatzsuche. Hier kommt die momentane Lage am Arbeitsmarkt erschwerend hinzu.

---

[40] Tab 03: Bundesministerien des Inneren, Migrationsbericht 2004, S. 30
http://www.bundesregierung.de/Content/DE/Publikation/IB/Anlagen/migrationsbericht-2004,property=publicationFile.pdf Zugriffsdatum: 17. Juli 2008
[41] Vgl. Welt, Jochen - Friedrich Ebert Stiftung, Teildokument: Kontinuität und Wandel der neuen Spätaussiedlerpolitik, 2000 http://www.fes.de/fulltext/asfo/00522002.htm Zugriffsdatum 09. Juli 2008
[42] Vgl. Schneider, Jan, bpb Internetauftritt, Artikel: Migration. Aussiedler. Integration. Im Brennpunkt: Integrationsprobleme jugendlicher Spätaussiedler http://www.bpb.de/themen/WX8Z5N,2,0,Integration.html#art2 Zugriffsdatum: 09. Juli 2008
[43] Vgl. Watrinet, 1983, S. 218f.

Bundesländer	Spätaussiedler		Ausländer*		Deutsche*
	Anteile in %	relativ zu den Deutschen	Anteile in %	relativ zu den Deutschen	Anteile in %
Schleswig-Holstein	35,7	3,4	24,6	2,4	10,4
Hamburg	34,3	3,6	20,6	2,2	9,6
Niedersachsen	30,0	3,1	24,8	2,6	9,6
Bremen	38,2	3,0	27,2	2,1	12,7
Nordrhein-Westfalen	36,0	3,7	23,1	2,4	9,7
Hessen	35,0	4,6	17,4	2,3	7,7
Rheinland-Pfalz	27,1	3,4	17,5	2,2	8,0
Baden-Württemberg	23,9	4,2	13,6	2,4	5,7
Bayern	28,6	4,3	14,9	2,2	6,6
Saarland	32,9	3,5	23,0	2,4	9,5
Berlin	52,8	2,8	38,2	2,0	18,9
Brandenburg	62,0	3,0	37,6	1,8	20,4
Mecklenburg-Vorpommern	57,3	2,6	35,8	1,8	21,9
Sachsen	60,7	3,1	39,1	2,0	19,5
Sachsen-Anhalt	64,2	2,9	40,6	1,9	22,0
Thüringen	52,9	2,9	36,8	2,0	18,0

* ohne Spätaussiedler

Anmerkung: Die Anteile der Arbeitslosen beziehen sich auf alle abhängig zivilen Erwerbspersonen ohne Beamte. Sie sind höher als die üblicherweise veröffentlichten Arbeitslosenquoten und daher mit diesen nicht vergleichbar.

Quelle: Integrierte Erwerbsbiographien (IEB) des IAB

Als deutliches Beispiel für die schlechtere ökonomische Situation der jungen Spätaussiedler, sollen im Folgenden einige empirische Daten aus dem Jahr 2007 dargestellt werden.

36% der deutschstämmigen Russen, Weißrussen oder Ukrainer haben keine abgeschlossene Berufsausbildung vorzuweisen (lediglich 14% der in Deutschland aufgewachsenen Deutschen), 70% der sozialversicherungspflichtig beschäftigten Spätaussiedler sind ungelernte Arbeiter (lediglich 18% der in Deutschland aufgewachsenen Deutschen hat keine abgeschlossene Berufsausbildung), 20% arbeiten als Facharbeiter oder Meister (im Gegenzug dazu, 25% der in Deutschland aufgewachsenen Deutschen) und 12% sind als Angestellte tätig (50% der in Deutschland aufgewachsenen Deutschen).

Tab 05: Erwerbsstatus von Spätaussiedlern

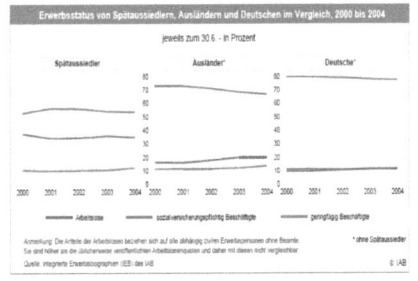

Im Vergleich stehen die Spätaussiedler in ökonomischer Hinsicht deutlich schlechter da, als in Deutschland geborene Deutsche, bzw. andere Ausländer. Die Statistiken des IAB (Institut für Arbeitsmarkt- und Berufsforschung) belegen, dass die Arbeitslosenquote bei den Spätaussiedlern um das Dreifache höher ist, als die der in Deutschland geborenen Deutschen und doppelt so hoch ist, wie die der übrigen, in Deutschland lebenden, Ausländer. Hinzu kommt, dass der Anteil der sozialpflichtig Versicherten bei den Spätaussiedlern überproportional gering ist, während der Anteil der Arbeitslosen überproportional über dem der anderen Bevölkerungsteile liegt.

---

[44] Tab 04- Tab 07: Institut für Arbeitsmarktforschung, IAB Kurzbericht 2007, u.a. http://doku.iab.de/kurzgraf/2007/kbfolien08073.pdf Zugriffsdatum 17. Juli 2008

Tab 06: Erwerbsstatus nach Bildungsabschluss

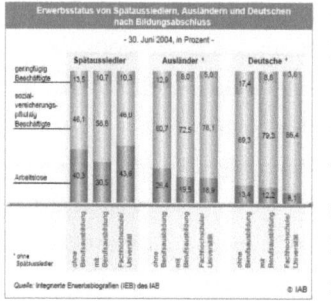

Betrachtet man den Erwerbsstatus in Anlehnung an das Merkmal Bildung, so ist festzustellen, dass Spätaussiedler mit einem akademischen Abschluss besonders schlecht dastehen. 43,6% aller Spätaussiedler mit universitärem Abschluss sind arbeitslos, wohingegen dies nur bei 6,1% der deutschen Akademiker zutrifft. Häufig handelt es sich bei den Abschlüssen um in Deutschland nicht anerkannte akademische Grade, deren Umschreibung auf Grund des veränderten Integrationsstatus nicht mehr ohne weiteres machbar ist.

Abschließend soll noch der geschlechterspezifische Vergleich angestellt werden. Deutlich wird, dass männliche Spätaussiedler haupts. als ungelernte Arbeitskräfte tätig sind. Dieses Verhältnis ist ebenfalls bei den weiblichen Spätaussiedlern zu beobachten. Der Vergleich zwischen den männlichen und weiblichen Spätaussiedlern, den Deutschen und den übrigen Ausländern macht deutlich, wie stark sich Wettbewerbsunterschiede ausgeprägt haben, und dass die Spätaussiedler im Schnitt ökonomisch schlechter dastehen, als die restliche deutsche Bevölkerung.

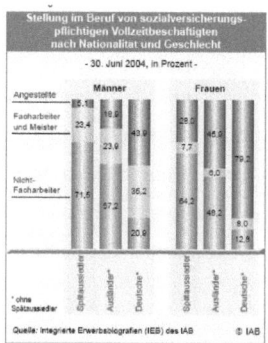

Tab 07: Stellung im Beruf nach Geschlecht und Nationalität

6. Fazit

Die Integration der Aussiedler in Deutschland ist abgeschlossen. Die ersten Generationen sind etabliert und haben ihren Platz in der deutschen Gesellschaft gefunden. Unterstützung fanden sie durch den Staat, der mit einer Reihe von Integrationsleistungen die Eingliederung in die Gesellschaft forcierte.

Mit dem Wegfall der Ausreisebeschränkungen nach dem Zerfall der ehemaligen Sowjetunion und dem damit einhergehenden massiven Zufluss russischer und kasachischer Spätaussiedler wurde der Bund gezwungen, auf Grund finanzieller Schwierigkeiten, gewisse Leistungen einzuschränken.

Gerade zu einem Zeitpunkt, wo diese besonders von Nöten gewesen wären, wurde die Aussiedlerpolitik restriktiver, was eine schlechtere Integration der Zuziehenden bedeutete. Die Probleme, die aus der defizitären Integration entstanden sind, belasten jedoch Bund und Länder finanziell immens. Abgesehen davon ist eine Integration erschwert durch die ethnische Cliquenbildung und die segregierte Wohnlage.

Als besonderes Merkmal mangelhafter Integration sind die geringen Sprachkenntnisse zu sehen. Erst in den letzten Jahren, durch die Einführung strengerer Deutschtests hat sich diese Situation leicht entspannt.

Literaturverzeichnis

Dietz, B. / Roll, Heike „Jugendliche Aussiedler - Porträt einer Zuwanderergeneration: Portrat einer Zuwanderergeneration", Frank-
furt/Main, 1998

Feldmann, Lothar „Zwischen Integration und Segregation oder Sind Aussiedler ein Thema für die Stadtplanung?", Lehrstuhl für
Planungstheorie und Stadtplanung, Universität Aachen,
2004   http://www.pt.rwth-
aa-
chen.de/old/_res/lehrstuhl/pdf/diplomarbeit_zw_integrati
on_und_segregation.pdf

Harmsen, Hans „Die Aussiedler in der Bundesrepublik Deutschland.
Forschungsbericht der WAR Deutsche Sektion. 1. Er-
gebnisbericht. Anpassung, Umstellung, Eingliederung",
Harmsen, Hans (Hrsg.), Wien, 1983

Heinelt, H / Lohmann, A. „Immigration im Wohlfahrtsstaat am Beispiel der
Rechtspositionen und Lebensverhältnisse von Aussied-
lern", Opladen, 1992

Klötzl, Lydia „Die Russlanddeutschen zwischen Autonomie und Auswanderung: Die Geschicke einer nationalen Minderheit
vor dem Hintergrund des wechselhaften deutsch-
sowjetischen/russischen Verhältnisses, Berlin, 1999

Mammey, U. / Schiener, R. „Zur Eingliederung der Aussiedler in die Gesellschaft
der Bundesrepublik Deutschland – Ergebnisse einer Pa-
nelstudie des Bundesinstituts für Bevölkerungsfor-
schung", Opladen, 1998

Reichling, Gerhard „Die Aussiedler in der Bundesrepublik Deutschland. Forschungsbericht der WAR Deutsche Sektion. 1. Ergebnisbericht. Anpassung, Umstellung, Eingliederung", Harmsen, Hans (Hrsg.), Wien, 1983

Schlegel, Bernd „Die Aussiedler in der Bundesrepublik Deutschland. Forschungsbericht der WAR Deutsche Sektion. 1. Ergebnisbericht. Anpassung, Umstellung, Eingliederung", Harmsen, Hans (Hrsg.), Wien, 1983

Sell-Greiser, Christiane „Aus- und Übersiedler in der Bundesrepublik Deutschland. Spuren der Wirklichkeit. Soziologische Beiträge. Bd. 4", Hamburg, 1993

Wagner, Ernst „Die Aussiedler in der Bundesrepublik Deutschland. Forschungsbericht der WAR Deutsche Sektion. 1. Ergebnisbericht. Anpassung, Umstellung, Eingliederung", Harmsen, Hans (Hrsg.), Wien, 1983

Wagner, Ernst „Die Aussiedler in der Bundesrepublik Deutschland. Forschungsbericht der WAR Deutsche Sektion. 2. Ergebnisbericht. Herkunft, Ausreise, Aufnahme", Arnold, Wilhelm (Hrsg.), Wien, 1984

Watrinet, Gertrut „Die Aussiedler in der Bundesrepublik Deutschland. Forschungsbericht der WAR Deutsche Sektion. 1. Ergebnisbericht. Anpassung, Umstellung, Eingliederung", Harmsen, Hans (Hrsg.), Wien, 1983

Internetquellen:

- Jochen Welt Kontinuität und Wandel der neuen Spätaussiedlerpolitik, Friedrich Ebert Stiftung, 2000 http://www.fes.de/fulltext/asfo/00522002.htm Zugriffsdatum 09. Juli 2008

- Meyer's Lexikon Online, Artikel: Aussiedler / Spätaussiedler Zugriffsdatum 09. Juli 2008

- Schneider, Jan, bpb Internetauftritt, Artikel: Migration. Migration in Deutschland. Aussiedler http://www.bpb.de/themen/96ORR8,0,0,Aussiedler.html Zugriffsdatum: 09. Juli 2008